3
m
2445

NOTICE

MAISON

DE

RIQUET DE CARAMAN

Imprimé à Fontainebleau

CHEZ ERNEST BOVRGES

ne se vend pas

M. DCCC. LXXVII.

NOTICE

LA MAISON DE RIQUET DE CARAMAN

‹›‹•›‹›

Nota. — Cette Notice ne veut pas être une Généalogie. On ne s'y est pas arrêté à des détails que l'on trouvera facilement dans des ouvrages spéciaux (1).

On a seulement voulu donner ici une exquisse historique rappelant les principaux personnages de la famille, les charges qu'ils ont remplies, les services qu'ils ont rendus et les honneurs et dignités qui en ont été la récompense.

---

(1) V. *Armorial général de France,* par d'HOZIER; MORÉRI, LA CHESNAYE DES BOIS; *Histoire des Pairs de France,* par COURCELLES; *Mémoires de* SAINT-SIMON, DANGEAU, LUYNES, SOURCHES; *Chronologie militaire,* par PINARD; *Abrégé chronologique et historique de ta Maison du Roi,* par LE PIPPRE DE NEUFVILLE, etc.

M. GILBERT. SC

NOTICE

sur la

RIQUET DE CARAMAN

Imprimé à Fontainebleau

CHEZ ERNEST BOURGES

ne se vend pas

M. DCCC. LXXVII.

NOTICE

SUR LA

MAISON

DE

RIQUET DE CARAMAN

Imprimé à Fontainebleau

CHEZ ERNEST BOVRGES

ne se vend pas

M. DCCC. LXXVII.

NOTICE

SUR LA

MAISON DE RIQUET DE CARAMAN

———— ✲ ————

L A Maison de RIQUET est originaire de la petite ville du Prato, aux portes de Florence.

On en retrouve les premières traces au XIIIe siècle, à l'époque des guerres des Guelfes et des Gibelins, auxquelles plusieurs de ses membres prirent une part importante lors des troubles qui agitèrent la république de Florence.

Leur nom était alors ARRIGHETTI diminutif d'ARRIGO, Henri.

Après le triomphe définitif des Guelfes, les Gibelins les plus compromis furent bannis de la République et de son territoire. C'est ainsi que neuf ARRIGHETTI se trouvèrent exilés par deux décrets de 1266 et 1268.

I

Les uns se réfugièrent en Portugal, les autres dans le midi de la France.

Parmi ces derniers, GHERARDO ARIGHETTI et AZZUCCIO son fils, vinrent en Provence demander asile à Charles d'Anjou, Roi de Naples et de Jérusalem. C'est à cette époque que la prononciation plus brève et plus dure de leur nouvelle patrie, transforma leur nom primitif d'ARRIGHETTI en RIGHETTI et RIQUETY ou RIQUET qui, dans les idiomes de Provence et du Languedoc, se prononcent presque absolument de même.

AZZUCCIO fut gouverneur de la petite ville de Seyne (Basses-Alpes) beaucoup plus importante par sa position militaire que par sa population. Il y mourut en 1287.

PIERRE RIQUETY, son fils, servit aussi les Princes d'Anjou et fut gouverneur de Seyne comme son père. Il s'y fixa définitivement et fut nommé premier Consul en 1346. Il y fonda, sous l'invocation du Saint-Esprit, un hôpital qu'il dota de grands biens, et où il fut enterré. Il mourut avant 1396, dans un âge très avancé.

ANTOINE, son fils, suivit la carrière des lois et ne s'y distingua pas moins que son père dans celle des armes. Il fut Juge Royal au Cours souveraines de Marseille, Digne et Tarascon, et mourut après 1412.

Après lui, JACQUES son fils et ANTOINE II son petit-fils mort vers 1510, ne semblent pas avoir soutenu la fortune de leur famille et ce dernier laissa une postérité plus nombreuse que richement établie.

C'est à cette époque, c'est-à-dire au commencement du XVIᵉ siècle, que la tige principale se divisa en deux branches.

L'aînée demeura en Provence où elle acquit, en 1570, la seigneurie de MIRABEAU, dont elle garda le nom.

La seconde alla s'établir à Béziers et acquit, plus tard, la seigneurie DE BONREPOS, puis celle DE CARAMAN, dont elle prit, de son côté, successivement les noms.

BRANCHE DE MIRABEAU.

Cette notice étant spécialement destinée à la branche DE CARAMAN, nous ne nous arrêterons pas longuement à parler ici de la branche aînée.

Elle eut pour auteur Honoré RIQUETY, l'aîné des sept enfants d'Antoine.

Il alla s'établir à Marseille, et son séjour dans cette ville de commerce et de transactions maritimes paraît avoir été favorable à ses affaires.

Jean, son fils, suivit son exemple et sut encore améliorer sa position par son crédit et sa fortune. En 1562, il fut nommé premier Consul et, pendant la période troublée des guerres de religion, sut montrer autant de zèle et d'habileté à la table du Conseil que de courage les armes à la main.

Ce fut lui qui, en 1570, acheta la terre de MIRABEAU, érigée en Marquisat en 1685, et dont ses descendants gardèrent exclusivement le nom.

Sans entrer dans le détail de sa postérité, disons seulement qu'elle ne fournit pas moins de douze Chevaliers de Malte, dont un Bailli Grand-Croix. Elle compte encore de nombreux officiers de terre et de mer, dont deux Capitaines et un Lieutenant de vaisseau, un Brigadier, un Colonel et un Lieutenant-Colonel, et trois Chevaliers de Saint-Louis.

Elle a donné encore un Avocat au Parlement d'Aix, deux Consuls de Marseille et un d'Aix.

Parmi ceux qui se distinguèrent le plus, on trouve :

Bruno de RIQUETY, dit le Comte de MIRABEAU, qui servit brillamment dans les Gardes-Françaises et combattit à trente sièges et batailles.

Jean-Antoine, Marquis de MIRABEAU, qui commanda de 1697 à 1708, en Italie, un régiment d'infanterie de son nom et mourut Brigadier et Chevalier de Saint-Louis, après avoir impunément, pendant de longues années, bravé tous les dangers. A la journée de Cassano il ne reçut pas moins de vingt-sept blessures à la fois, qui lui fracassèrent les deux mains et lui estropièrent le cou de telle sorte qu'il fut obligé jusqu'à la fin de sa vie de porter un collier de métal pour soutenir sa tête.

Le Bailli de MIRABEAU, second fils du précédent, servit glorieusement, pendant plus d'un demi-siècle, sur les galères de Malte. Il a laissé des mémoires qui ont été publiés et ne manquent pas d'intérêt.

Mais ce n'est pas seulement dans la carrière des armes que le nom de MIRABEAU paraît avec éclat; dans un autre genre nous citerons encore le Marquis de MIRABEAU, frère aîné du Bailli, qui, après avoir servi quelque temps dans le régiment de son père, acquit une certaine réputation dans la carrière des lettres. Il écrivit un grand nombre d'ouvrages sur l'économie politique, dont le plus important était « L'ami des hommes », en cinq volumes, qui eut les honneurs de la traduction en plusieurs langues. L'auteur s'en montrait si fier qu'il ne se faisait plus appeler que du nom de son ouvrage.

On connaît assez ses deux fils que les plaisants nommaient MIRABEAU *Tonnant* et MIRABEAU *Tonneau* : l'un Honoré, le fougueux tribun, l'autre Boniface, *le Vicomte*, non moins célèbre par ses bons mots et son énorme embonpoint que par son dévouement à la cause royale. Au moment de la Révolution, en 1790, il forma la légion qui porta son nom et la commanda avec distinction jusqu'à sa mort à Fribourg en Brisgau, en 1792.

Le premier ne laissa pas de postérité.

Le second eut de son mariage avec Mlle *de Robien*, un fils unique qui resta le seul rejeton de sa branche.

Celui-ci laissa trois fils.

L'aîné, le Marquis de MIRABEAU, a épousé en 1841 Mlle *de Preissac* et n'en a pas eu d'enfants.

Le second, marié en 1848 à Mlle *Le Harivel de Gonneville*, n'a laissé qu'une fille, mariée en 1869 au Comte MARTEL DE JANVILLE.

Enfin, le troisième est mort en Russie, en 1874, à l'âge de 52 ans, sans avoir été marié.

Il ne sera pas sans intérêt de noter ici que ce fut le Marquis de MIRABEAU « l'ami des hommes » qui vers le milieu du siècle dernier, sans doute pour mieux rappeler l'origine Italienne de sa famille, jugea à propos de modifier l'orthographe de son nom patronymique, et de l'écrire RIQUETTI.

On pourra observer en passant que cette modification n'était pas précisément d'accord avec la linguistique, car pour être correct, il aurait fallu en même temps remplacer le *q* par un *g*, et revenir franchement à l'ancienne forme RIGHETTI. Mais on trouva sans doute le changement trop considérable.

BRANCHE DE CARAMAN

—⊙—

La branche cadette, dite de CARAMAN, est issue de REYNIER, quatrième frère d'HONORÉ, auteur de la branche de MIRABEAU.

Entre ces deux frères, on trouve PIERRE, qui fut moine, et JEAN, qui fut marié, mais ne laissa pas de postérité.

Cadet d'une nombreuse famille, REYNIER alla chercher fortune au loin sans qu'il paraisse toutefois être jamais parvenu à la joindre.

Après avoir voyagé en Provence, en Languedoc et jusqu'en Terre-Sainte, il finit par se fixer à Béziers, où il mourut vers l'année 1511.

Là, suivant la prononciation du pays, on fit de son nom : RIQUET, au lieu de RIQUETY, modification plus apparente que réelle si l'on fait attention à l'habitude des méridionaux *de faire sonner la dernière consonne et de supprimer presque les voyelles finales.*

Du reste, cette nouvelle orthographe ne fut adoptée que peu à peu, et, en Provence comme en Languedoc, les deux formes furent encore pendant longtemps employées simultanément.

A ce REYNIER succédèrent NICOLAS et GUILLAUME qui vécurent modestement à Béziers sans contribuer autrement à l'illustration de la famille.

Mais, après eux, vient celui qui, couronnant une carrière laborieuse par un véritable effort de génie, releva glorieusement sa famille et lui fit reprendre son rang parmi la noblesse la plus distinguée de la province, en même temps qu'il créait pour ses enfants la source d'une nouvelle fortune.

Né en 1604, à Béziers, PIERRE-PAUL RIQUET, renonçant à une carrière plus brillante à laquelle il aurait pu prétendre, entra de très bonne heure dans l'administration des finances. Peu à peu, son aptitude pour les affaires, soutenue par un travail opiniâtre, lui permit d'arriver à une situation élevée et, en même temps, d'augmenter considérablement sa fortune, sans que l'on pût pour cela lui reprocher un instant d'avoir abusé de l'autorité ou des privilèges de sa position.

Devenu Directeur de la Ferme des Gabelles en Languedoc, il poussait si loin l'esprit de justice et d'humanité que, plus d'une fois, pendant les années trop mauvaises, on le vit, non seulement faire de ses deniers l'avance des fonds trop difficiles à rentrer, mais encore payer la différence du prix du sel, qu'il livrait au-dessous du tarif légal, aux populations éprouvées. Cette conduite généreuse lui valut dans la province de nombreuses sympathies qui, par la suite, lui furent d'un grand secours.

Depuis bien longtemps, on avait cherché à réunir l'Océan à la Méditerranée par un canal navigable. Mais la difficulté de l'alimenter à son point culminant avait jusqu'alors été jugée un obstacle insurmontable.

Poursuivi par cette idée, RIQUET avait remarqué, en parcourant sa terre de Bonrepos et les environs, un certain nombre de sources qui lui avaient paru pouvoir, en les réunissant, fournir la quantité d'eau nécessaire pour l'alimentation du point de partage d'un canal de navigation. Pendant dix-huit ans, il médite ce projet, et profitant d'une heureuse disposition pour les sciences, il a bientôt acquis les connaissances techniques qui pouvaient lui manquer pour mener à bonne fin une aussi vaste entreprise.

En 1662, après avoir mûrement étudié tous ses plans, il se croit enfin assuré du succès et se décide à s'en ouvrir à Colbert, qu'il connaît, depuis sa première jeunesse, pour avoir pendant longtemps parcouru la même carrière que lui.

Les guerres de Succession avaient épuisé les finances de l'État. Pour convaincre les incrédules,

RIQUET demande seulement l'autorisation de creuser *à ses frais* une rigole d'essai. Le Ministre était trop juste appréciateur des grandes choses pour ne pas accueillir ces propositions avec empressement et l'autorisation fut accordée le 27 mai 1665.

Quoique déjà presque sexagénaire, RIQUET se met à l'œuvre avec une ardeur toute juvénile et, moins d'un an après, un succès éclatant couronne son expérience. Un édit de création est aussitôt rendu (5, 7 et 14 octobre 1666) et l'heureux inventeur obtient l'entreprise et la propriété de son œuvre sous certaines conditions de contrôle et de participation de l'État.

Loin d'être refroidie par l'âge et les difficultés de l'entreprise, son activité n'en est que plus grande. Il embrigade jusqu'à douze mille ouvriers à la fois et les active par sa présence et son exemple. Des obstacles de tout genre surgissent à chaque instant. A côté de ceux que la nature lui oppose, l'envie et la mauvaise volonté lui en créent de plus redoutables encore. Au milieu des désastres des dernières années du règne de Louis XIV, souvent les fonds manquent aux échéances fixées, mais son expérience financière sait créer de nouvelles ressources.

Depuis longtemps, sa fortune personnelle a été absorbée par les clauses de sa concession, mais ses enfants, partageant la confiance de leur père, n'hésitent pas à sacrifier ce qui leur appartient pour l'aider à l'achèvement de son œuvre. Colbert lui-même, son protecteur et son ami, gagné par le découragement, semble prêt à l'abandonner, et l'on a peine à croire qu'au dernier moment la défiance des États du Languedoc faillit encore faire échouer l'entreprise.

Seul, l'inventeur n'avait jamais perdu sa foi ni son courage. Se multipliant de toute part, tour à tour financier et ingénieur, dirigeant ses travaux, agissant auprès des États et, dans l'intervalle, faisant de fréquents voyages à Paris, RIQUET, par son infatigable persévérance, a surmonté toutes les difficultés.

En moins de seize ans, 279 kilomètres de canal ont été creusés sur 20 mètres de large et 2 de profondeur, 58 aqueducs, 71 ponts et nombre d'autres travaux de tout genre ont assuré son parcours. A Saint-Ferréol, une immense digue en maçonnerie de 100 pieds de haut sur 70 de large à sa base, barrant une vallée tout entière, a formé un réservoir colossal qui l'alimentera en toutes saisons et dont 103 écluses régleront la distribution permettant de franchir 189 mètres d'altitude.

Telle est la vaste entreprise que, dans un temps relativement aussi court, surtout si l'on tient compte des moyens dont on disposait alors, le génie d'un seul homme a su mener à bonne fin, avec une telle perfection que, malgré les progrès de la science, ses travaux peuvent, encore aujourd'hui, servir de modèle en leur genre. La dépense totale fut d'environ 17 millions.

Cependant, tant d'efforts avaient hâté le terme de sa carrière. Le 1er octobre 1680, six mois avant l'inauguration du canal, RIQUET succomba, autant sous le poids de ses travaux que sous celui des années; mais s'il n'eut pas la joie d'assister au couronnement de son œuvre, il lui fut du moins permis d'en voir le succès complètement assuré et de recevoir, à ses derniers instants, le tribut de la reconnaissance et de l'admiration de ses contemporains.

Le 15 mai 1681, son fils Jean-Mathias, Président au Parlement de Toulouse, eut l'honneur de présider à l'inauguration de l'œuvre de son père.

Une petite flottille parcourut le canal, de Toulouse à Béziers, au milieu d'une foule enthousiaste accourue de tous côtés. Tous, en effet, sentaient quelle heureuse influence cet événement allait avoir sur la prospérité du pays, non seulement en ouvrant au commerce une voie facile et sûre, mais encore en fécondant un vaste territoire dont, jusqu'alors, la sécheresse n'avait fait qu'un aride désert.

Déjà, du vivant de RIQUET, un homme illustre et bon juge en pareille matière, le Maréchal de Vauban, s'étonnait de ne pas voir la statue de l'inventeur couronner une œuvre pour laquelle il témoignait hautement son admiration.

Ce ne fut pourtant que longtemps après, en 1838,

que Béziers, sa ville natale, lui éleva enfin une statue en bronze, exécutée par David d'Angers, et en 1853, la ville de Toulouse, suivant cet exemple, lui paya, à son tour, le même tribut de reconnaissance. Cette seconde statue, en marbre, est due au ciseau d'un artiste toulousain, M. Griffoul d'Orval.

L'importance des travaux du canal du Midi ne doit pas faire oublier ceux du canal de l'Ourcq que RIQUET entreprit tout à la fin de sa vie, mais qui ne furent terminés que longtemps après sa mort et non sans de nombreuses vicissitudes.

P. P. RIQUET avait épousé *Catherine de Milhau*, fille d'un Contrôleur des tailles de Béziers. Il en laissa deux fils et plusieurs filles.

JEAN-MATHIAS, son fils aîné (né le 20 janvier 1638, † 1714) entra jeune au Parlement de Toulouse et compta bientôt comme un des magistrats les plus instruits et les plus zélés de cette Cour. Président à Mortier en 1683, il exerça cette charge jusqu'à sa mort en 1714.

Depuis le commencement de l'entreprise du canal, il ne cessa de partager les travaux de son père, auquel sa connaissance des lois et son influence dans la Magistrature, lui permirent de prêter le plus utile concours, et comme on vient de le voir, ce fut lui qui présida à l'inauguration de la navigation.

PIERRE-PAUL DE RIQUET II, fils cadet de PIERRE-PAUL Iᵉʳ (né 1646 † 25 mars 1730), Lieutenant Général et Grand-Croix de Saint-Louis, est le premier de la famille qui porta le titre de COMTE DE CARAMAN. Il avait acquis cette terre en 1670, de la maison d'ESCOUBLEAU DE SOURDIS, et la laissa après sa mort à son neveu VICTOR-PIERRE-FRANÇOIS, dont on parlera tout à l'heure, qui continua à en porter le nom et le transmit à son tour à ses descendants.

JEAN-MATHIAS, son frère aîné, portait le titre de BARON DE BONREPOS, du nom d'une terre que PIERRE-PAUL RIQUET Iᵉʳ tenait de GUILLAUME, son père et dont il avait obtenu l'érection en Baronie le 20 novembre 1666, en récompense de ses services.

Après JEAN-MATHIAS, le nom DE BONREPOS fut encore porté par le second de ses fils, mais celui-ci étant mort en 1791 ne laissant que des filles, il ne fut plus porté après lui.

Pour en revenir au COMTÉ DE CARAMAN, entré en 1663 dans les Gardes-Françaises à l'âge de 17 ans, il fit toutes les guerres de la fin du règne de Louis XIV, et mérita la réputation d'un des officiers généraux les plus distingués de son temps.

En 1705, à la bataille de Wange, en Brabant, étant

alors Lieutenant-Général, il sauva l'armée du Maréchal de Villeroy d'une déroute certaine et, avec onze bataillons d'infanterie seulement, arrêta tous les efforts du Duc de Marlborough. C'est à cette occasion que, le premier, il eut l'idée d'opposer à la cavalerie les baïonnettes de l'infanterie rangée en bataillons carrés. Saint-Simon, ordinairement sobre d'éloges, raconte, dans ses Mémoires, ce brillant fait d'armes dans les termes les plus flatteurs.

Le roi Louis XIV, en accordant sur-le-champ au Comte de CARAMAN la grand-croix de Saint-Louis, sans avoir à passer par le grade de Commandeur, et sans attendre de vacance, voulut lui témoigner, par cette faveur exceptionnelle, tout le prix qu'il attachait aux services qu'il avait rendus dans cette journée.

Quelques mois après, à la tête d'une faible garnison, il soutint, à Menin, un siège meurtrier, et lorsqu'après trente-neuf jours de tranchée ouverte, toute résistance fut devenue impossible, il ne consentit à rendre la place qu'au prix d'une capitulation des plus honorables.

En 1708, il combattit encore vaillamment à Malplaquet, mais accablé d'infirmités, suites des fatigues de la guerre, il se vit, peu après, en 1710, obligé de prendre sa retraite, après quarante-sept ans de service et vingt-trois campagnes. Il vécut encore vingt ans, jusqu'en 1730, et mourut à l'âge de 84 ans sans avoir été marié.

Mais pour reprendre l'ordre chronologique, revenons au Président Jean-Mathias de RIQUET, son frère aîné.

Il fut marié trois fois.

Sa première femme, *Claire de Cambolas*, d'une famille du Parlement de Toulouse, mourut peu de temps après son mariage, sans lui laisser d'enfants.

La seconde, *Madeleine de Broglie*, qu'il avait épousée en 1696, mourut trois ans après, ne laissant qu'un fils, Victor-Pierre-François, que l'on verra plus loin.

La troisième enfin, *Louise de Montaigne*, lui donna trois fils et quatre filles.

Sur ces trois fils, deux seulement vécurent, savoir :

Jean-Gabriel-Amable Baron de BONREPOS (né en 1712, † le 31 mars 1791), Procureur Général au Parlement de Toulouse, qui épousa Mlle *de Maupeou* dont il n'eut que des filles ;

Et Jean-Louis, dit l'Abbé de CARAMAN, son frère (né le 7 juin 1713, † le 8 mars 1783), qui entra dans les Ordres et fut en outre Conseiller du Roi en ses Conseils et Maître des Requêtes ordinaire de son Hôtel.

Victor-Pierre-François, l'aîné de tous (né du second mariage le 4 octobre 1698, † le 22 avril 1760), fut Lieutenant-Général comme son oncle et fournit une carrière encore brillante, malgré de longues années de paix.

3

Entré jeune au service, il obtint dès l'âge de vingt ans le régiment de Berry-Cavalerie, en 1718. Envoyé dès le début des guerres de Succession en Italie, puis en Allemagne, il y trouva bientôt l'occasion de se signaler. Brigadier en 1734, Maréchal de Camp en 1738 et Lieutenant-Général en 1744, il servit en cette qualité jusqu'à la paix en 1748. Il quitta alors la carrière active pour se consacrer au perfectionnement et à l'administration du canal de Languedoc. Il s'occupa aussi de la reprise des travaux du canal de l'Ourcq, mais sans pouvoir parvenir à les mener à bonne fin.

Il avait épousé, en 1722, Mlle *Portail*, d'une famille distinguée du Parlement de Paris. Il en eut trois fils :

1° Victor-Maurice, dont on parlera après ses frères;

2° Antoine-Jean-Louis (né le 17 octobre 1729, † le 27 janvier 1759), qu'on appelait le Président de Caraman, et qui, après de brillants débuts dans la carrière parlementaire, mourut à peine âgé de trente ans, comme il venait d'être nommé Président à Mortier au Parlement de Toulouse, moins d'un an après son mariage avec une demoiselle *de Bonrepos*, sa cousine, dont il n'eut pas d'enfants et qui épousa en secondes noces le Marquis de BOURNAZEL;

3° Marie-Jean-Louis, le dernier, qu'on appelait le Marquis de CARAMAN (né le 26 novembre 1731, † le 24 mai 1808), entra de bonne heure dans le régiment de son frère aîné et y servit successivement comme Cornette, Capitaine et Major. En 1758, pendant la guerre de Sept-Ans, il fut nommé Mestre de Camp (colonel) du régiment Colonel-Général des Dragons et reçut la croix de Saint-Louis en 1760. La paix vint alors ralentir sa carrière. Il n'en fut pas moins Brigadier peu après, en 1768, et Maréchal de Camp, en 1780. Il mourut en 1808 à l'âge de soixante-dix-sept ans.

Il avait épousé, en 1763, M\ll\e *de Montessus-Rully* dont il ne laissa que trois filles : M\mes\ DE QUITRY, DE MAC-MAHON et DE FLAMARENS.

La MARQUISE DE MAC-MAHON eut plusieurs enfants dont le plus jeune, le MARÉCHAL, DUC DE MAGENTA, a fourni l'une des plus glorieuses carrières militaires de l'époque contemporaine.

Revenons maintenant à l'aîné des trois frères :

VICTOR-MAURICE COMTE DE CARAMAN (né le 16 juin 1727, † le 24 janvier 1807), Lieutenant-Général et Grand-Croix de Saint-Louis, fournit une longue et brillante carrière militaire.

Entré au service en avril 1740, avant l'âge de treize ans, il fit sa première campagne trois ans après, en Flandre comme Capitaine au Régiment de Berry, que son père avait autrefois commandé et qu'il avait encore sous ses ordres comme Maréchal de Camp.

L'année suivante, 1744, il servait en cette qualité à l'armée du Rhin. Arrivé à son nouveau poste la veille de la bataille de Rhinvilliers, son père trouva l'épreuve du lendemain trop rude pour sa jeune inexpérience et lui donna une mission sans importance pour Strasbourg. Mais apprenant que pendant son absence son régiment avait été engagé et s'était brillamment comporté, le jeune officier en conçut un tel chagrin, que revenant sans plus attendre à son cantonnement il se précipite dans la salle où ses camarades prenaient leur repas, et jetant son épée sur la table il s'écrie que puisqu'il a manqué au corps un jour de bataille, il n'est plus digne de servir avec eux. Puis, avec la même impétuosité, courant de là chez son père, il lui reproche avec toute la fougue de son tempérament méridional d'avoir abusé de son autorité pour le déshonorer. Ce ne fut pas sans peine que de sages remontrances, accompagnées de quelques jours d'arrêts, lui firent comprendre que le premier devoir du soldat était l'obéissance et le respect de la discipline.

Il ne fut du reste pas longtemps sans avoir l'occasion de donner carrière à son ardeur.

L'année suivante, il se distingua à la célèbre bataille de Fontenoy, et à la fin de cette année 1745, il obtint un régiment de dragons de son nom.

Bien qu'alors âgé seulement de dix-huit ans, il sut montrer qu'il était digne d'une semblable faveur, et pendant seize ans se signala à la tête de son régiment à tous les sièges et batailles qui eurent lieu pendant ce temps, en Flandre, en Hollande et en Allemagne; à Anvers, Raucoux, Namur, Charleroi, Berg-op-Zoom, Maëstricht, Rosbach, de 1745 à 1757. Cette année 1757 il reçut la croix de Saint-Louis et se distingua si particulièrement au combat d'Embecke qu'il en fut récompensé par le brevet de Brigadier.

Il continua à commander son régiment jusqu'en 1761 où il fut nommé Maréchal de Camp. Il serait trop long d'énumérer toutes les affaires auxquelles il prit part jusqu'à la fin de la guerre de Sept-Ans. Il suffira de citer encore Hastenbeck et Minden.

En 1763, la paix le ramena dans ses foyers. Il se consacra alors avec la même activité à la partie théorique de son état. En 1775, il fut nommé Commandant en second en Languedoc, Commandeur de Saint-Louis en 1779 et Lieutenant-Général l'année suivante.

En 1781, il fut nommé commandant en second dans la province des Évêchés et employé très activement aux travaux de réorganisation de l'armée, comme président d'un des quatre comités des Lieutenants-Généraux créés à cet effet. En 1784, il fut nommé Grand-Croix de Saint-Louis et Commandant en chef en Provence trois ans après. Dans ces temps difficiles il sut, par sa prudence et son énergie, maintenir intacte l'autorité qui lui avait été confiée, jusqu'au moment de la suppression de son emploi, en 1791.

Il revint alors à Paris, mais se vit bientôt obligé

d'émigrer pour échapper à la fureur révolutionnaire.
Après avoir, comme tant d'autres, erré en Angleterre,
en Belgique et en Allemagne, il profita de l'amnistie
de 1801 pour rentrer en France, et vécut encore quelques années à Paris, retiré au milieu de tous les siens.

Il mourut âgé de quatre-vingts ans, presque sans
maladie et dans toute la plénitude de ses facultés. Il
avait occupé les dernières années de sa vie à rassem-
bler ses souvenirs dans des Mémoires fort intéressants
mais qui n'ont pas été publiés.

Lorsque la Révolution vint briser sa carrière, le
Comte de CARAMAN comptait quarante ans de
service et treize campagnes. Sa capacité et son mérite
le désignaient pour la première dignité militaire de
son pays, à laquelle le choix tout aussi bien que l'ancienneté lui donnaient également les premiers droits.
Au milieu de toutes les épreuves de cette douloureuse
époque, le sacrifice de ce glorieux couronnement de
sa longue carrière, fut certainement, disait-il lui-
même, l'un de ceux qui lui coûtèrent le plus.

Il avait épousé, en 1750, la Princesse *Marianne de
Chimay*, de la Maison d'HÉNIN-LIÉTARD, qui lui
donna une nombreuse postérité.

De ses trois fils, l'aîné fut depuis le premier Duc de
CARAMAN, auquel on reviendra tout à l'heure.

Le second fut le Comte Maurice de CARAMAN.

Et le troisième obtint plus tard le titre de Prince de

CHIMAY, en Hollande et en Belgique, où il fonda la branche connue depuis sous ce nom. (*V. p. 24.*)

Le Comte Maurice de CARAMAN (né le 7 octobre 1765, † le 3 septembre 1835), dont on parlera de suite, commença sa carrière militaire en 1780. Dans l'intervalle de son service, il fit le voyage d'Amérique avec le Marquis de Lafayette. Pendant l'Émigration il servit à l'armée de Condé comme Chef d'Escadrons et Colonel et rentra en France lors de l'amnistie qui suivit le licenciement de cette armée, en 1801.

Se tournant alors vers la politique, il fut député du Nord en 1811 et 1814. Sous la Restauration, il rentra dans la carrière militaire avec le grade de Maréchal de Camp et fut nommé Inspecteur Général de la cavalerie en 1820.

Il représentait de nouveau le département du Nord lorsqu'il fut élevé à la Pairie en 1827. Il était alors Commandeur de la Légion d'honneur depuis 1820 et de Saint-Louis depuis 1823.

En 1830, il quitta la Chambre des Pairs et se retira complètement des affaires. Il mourut peu après, en 1835, ne laissant de son mariage avec Mlle *de la Garde* que trois filles, mariées, l'aînée au Marquis de PANGE, Maréchal de Camp, Pair de France ; la seconde à son cousin le Général de CARAMAN que l'on verra plus loin ; et la troisième au Comte de PINS.

Le PRINCE DE CHIMAY (FRANÇOIS-PHILIPPE-JOSEPH) son frère cadet (né le 20 novembre 1771, † le 2 mars 1842), venait seulement d'entrer au service lorsqu'éclata la Révolution; il figura un moment à l'armée des Princes comme Adjudant-Major dans la légion de Rohan, mais profitant d'une heureuse négligence qui avait fait oublier son nom sur la liste des émigrés, il rentra en France en 1796, après la bataille de Friedberg, où il avait été légèrement blessé.

En 1804, la terre de Chimay lui échut dans le partage de la succession du dernier Prince de Chimay, son oncle, frère de sa mère. Il s'y retira en 1805, après son mariage avec *Thérèse Cabarrus*, épouse divorcée successivement, de M. DEVIN DE FONTENAY, Conseiller au Parlement de Paris, puis du célèbre Conventionnel TALLIEN.

En 1815, lorsque le canton de Chimay se trouva compris dans les nouvelles frontières des Pays-Bas, il opta pour la nationalité Hollandaise.

En 1824, il obtint du roi des Pays-Bas le titre de PRINCE DE CHIMAY, transmissible par ordre de primogéniture, et après la Révolution des Pays-Bas, il opta, ainsi que ses fils, pour la nationalité Belge. Leurs descendants sont aujourd'hui établis en Belgique, où ils forment la Branche dite de CARAMAN-CHIMAY.

Le Duc de CARAMAN (Victor-Louis-Charles) (né le 24 décembre 1762, † le 25 décembre 1839), fils aîné du Commandant en chef en Provence, était Lieutenant-Colonel en second au 7ᵉ régiment de Chasseurs à cheval au moment de la Révolution. Dans les loisirs de ses congés, il avait parcouru successivement l'Angleterre, l'Allemagne, la Russie, la Suède, la Turquie et visité presque toutes les Cours de l'Europe.

Pendant les premières années de l'Émigration, il continua à servir comme Colonel au service d'Angleterre et de Prusse, mais bientôt préférant mettre à profit les connaissances qu'il avait acquises dans ses nombreux voyages, il se consacra tout entier à la carrière diplomatique, et fut activement employé par le Comte de Provence, depuis Louis XVIII.

En 1814, lors de la Restauration, ce Prince voulut reconnaître ses services en le nommant Ministre à Berlin et en lui accordant en même temps dans l'Armée le grade de Maréchal de Camp dans le cadre de réserve.

En 1815, il fut élevé à la Pairie avec le titre de Marquis.

L'année suivante, il fut envoyé comme Ambassadeur à Vienne, où il resta jusqu'en 1827. Dans l'intervalle, en 1820, ayant accompli sa trentième année de service militaire, il prit sa retraite et reçut à cette occasion le grade de Lieutenant-Général Honoraire.

4

Cette même année, il reçut encore le collier du Saint-Esprit.

En 1827, ayant accompli sa cinquantième année de service dans la diplomatie, il prit également sa retraite, et reçut en récompense de cette longue et brillante carrière le titre de Duc, transmissible par ordre de primogéniture. Depuis lors, il se consacra exclusivement aux travaux de la Chambre des Pairs, où il continua à siéger jusqu'au moment de sa mort.

En 1837, les avis se trouvèrent si partagés sur les affaires de l'Algérie, qu'il fut même un instant question d'abandonner notre nouvelle conquête. Désireux de se rendre compte par lui-même de l'état réel des choses, le Duc DE CARAMAN résolut d'entreprendre le voyage et arriva à Alger comme on organisait la première expédition de Constantine. Ces préparatifs de combat réveillèrent en lui toute l'ardeur de la jeunesse. Malgré ses soixante-quinze ans, il voulut prendre part à cette expédition et en supporta les fatigues et les dangers à l'égal des plus jeunes et des plus intrépides. On sait quel en fut le douloureux dénouement. Pendant toute la durée de la retraite, on le vit constamment à l'arrière-garde, sans cesse harcelée par l'ennemi, secourant les blessés, encourageant les traînards et relevant le moral abattu de nos soldats par un exemple que ses cheveux blancs rendaient plus frappant encore.

A son retour en France, une médaille d'or frappée

en son honneur, fut la récompense de cette courageuse conduite; il mourut peu après, à Montpellier, le 25 décembre 1839, à l'âge de soixante-dix-sept ans.

Il avait épousé, en 1785, *Léopoldine de Mérode-Westerloo*, dont il eut trois fils, et une fille mariée au VICOMTE DE SAINT-PRIEST, DUC D'ALMAZAN, Lieutenant-Général, Pair de France et Ambassadeur en Espagne.

VICTOR-MARIE-JOSEPH-LOUIS, fils aîné du Duc, naquit le 6 octobre 1786 et fut élevé en Allemagne pendant l'Émigration. Ne pouvant rentrer en France, il commença sa carrière militaire en Prusse, où il avait été élevé. Son goût pour les sciences lui avait fait choisir l'artillerie, et lorsque la Prusse prit parti contre la France, il fut assez heureux pour obtenir d'être employé à l'intérieur. Profitant de la paix de Tilsitt pour quitter honorablement le service de cette puissance, il passa à celui de la Hollande où régnait alors le frère de Napoléon.

En 1810, lors de l'annexion de cet État, il put enfin rentrer en France et fut incorporé dans l'Artillerie Française avec son grade de Capitaine.

Depuis lors, il figura sur tous les champs de bataille de l'empire. Plusieurs fois proposé pour l'avancement en raison de son mérite et de sa brillante conduite, il avait déjà eu à deux reprises le chagrin de voir

son nom rayé de la main même de l'Empereur, forte-
ment prévenu contre sa famille. Cependant, en 1813,
fatigué de voir la persistance avec laquelle on le pré-
sentait à son choix, celui-ci voulut le connaître et le juger
par lui-même; l'ayant fait appeler, il le soumit à un
véritable interrogatoire et, reconnaissant noblement
son injustice, il le nomma le jour même son Officier
d'Ordonnance. Peu après, il le décora de sa main sur
le champ de bataille de Dresde, et depuis lui témoi-
gna toujours autant d'estime et de confiance qu'il
avait jusqu'alors manifesté de préventions contre lui.

A Leipzig, la brillante conduite du nouvel Officier
d'Ordonnance lui valut la croix d'Officier de la Légion
d'Honneur avec le titre de Baron et une dotation de
3,000 francs (28 octobre 1813).

En 1814, il fit aux côtés de l'Empereur toute la douloureuse campagne de France et assista aux célèbres
adieux de Fontainebleau. Au moment de son départ,
après l'abdication, l'Empereur, voulant lui donner un
dernier témoignage de satisfaction, lui remit une lettre
de congé signée le jour même et conçue dans les
termes les plus honorables, témoignage d'autant plus
flatteur qu'il paraît avoir été unique dans son genre.

Demeuré à l'écart pendant les Cent-Jours, il rentra
en activité sous la Restauration et fut nommé Colonel
du régiment d'Artillerie à cheval de la Garde, en 1818,
et peu après avec rang de Maréchal de Camp.

En 1830, il fut maintenu dans ce grade, mais non dans son ancienneté dont il perdit ainsi neuf ans.

Après avoir été chargé de plusieurs inspections, il commanda l'école régimentaire de Strasbourg de 1834 à 1836, et en 1837, fit partie de la seconde expédition de Constantine, dont il commanda en chef l'artillerie après la mort du général Damrémont.

Aussitôt que la nouvelle de la prise de la ville fut connue à Paris, le GÉNÉRAL DE CARAMAN fut l'un des premiers inscrits sur la liste des récompenses, avec le grade de Lieutenant-Général. Mais il n'eut pas la joie d'en recevoir la nouvelle. Après avoir échappé sans une seule atteinte à tous les dangers des combats les plus meurtriers, frappé subitement par le terrible fléau qui décimait l'armée, il avait été enlevé en quelques heures, le 26 octobre 1838, âgé seulement de cinquante et un ans, montrant dans cette heure suprême le courage du chrétien joint à celui du soldat.

Il avait épousé, en 1810, *Louisa de Caraman*, sa cousine germaine, fille du COMTE MAURICE, dont on a déjà parlé page 23; il en eut un fils qui fut DUC DE CARAMAN après la mort de son grand-père, et une fille, mariée à son cousin, le PRINCE ALPHONSE DE CHIMAY.

En 1827, il s'était remarié avec Mlle *de Béarn*, dont il n'eut pas d'enfants et qui lui survécut jusqu'en 1876.

Le Duc de CARAMAN (Victor-Antoine-Charles), (né le 7 février 1811, † le 4 avril 1868), fils du général, après avoir paru un instant dans la diplomatie comme Attaché à l'Ambassade d'Espagne, puis au Conseil d'État comme Auditeur de 2ᵉ classe, se sentant plus particulièrement attiré vers les études littéraires et philosophiques, finit bientôt par s'y consacrer entièrement.

Pendant plusieurs années, il collabora à un recueil périodique, « La Bibliothèque de Genève ». En même temps il publia un volume d'« Études de Philosophie, de Sciences et d'Histoire », puis un autre volume d'« Études sur la Philosophie au XVIIIᵉ siècle », suivis peu après d'une « Histoire des Révolutions de la Philosophie pendant le Moyen-Age jusqu'au XVIᵉ siècle », en trois volumes, qu'il se préparait à continuer jusqu'à nos jours lorsque la mort vint l'en empêcher. Dans un autre genre il publia encore une « Vie de Charles Bonnet », le savant Génevois.

Ces travaux, fort estimés de ceux qui s'adonnent à cette branche d'études un peu spéciales, lui avaient valu la croix de la Légion d'honneur en 1846, et l'avaient fait admettre dans plusieurs sociétés savantes de France et de l'étranger.

Il est mort en 1868, laissant de son mariage avec Mˡˡᵉ *de Crillon*, qu'il avait épousée en 1838, trois fils et deux filles.

Mais pour terminer, revenons un instant sur nos pas pour retrouver les deux autres fils du premier Duc DE CARAMAN (*V. p. 27*).

GEORGES, le second (né le 1er novembre 1790, † le 7 février 1860), entra dans la diplomatie en 1808. Après avoir été Attaché d'Ambassade à La Haye, à Washington, puis Secrétaire de nouveau à La Haye, puis à Londres, il fut nommé Ministre Plénipotentiaire à Stuttgard en 1821, puis à Dresde en 1827. Il occupait ce poste lorsque la révolution de 1830 vint interrompre sa carrière. Depuis lors il vécut dans la retraite jusqu'à la fin de sa vie. En 1822, il avait épousé Mlle *de Grenonville*, dont il n'eut que deux filles, la MARQUISE DE FOURNÈS et la COMTESSE DE TOUSTAIN.

ADOLPHE, le troisième (né le 8 septembre 1800, † le 6 février 1876), entra dans l'État-Major et fit avec distinction les campagnes d'Espagne et de Morée, il servit ensuite en Algérie, fit l'expédition d'Ancône, puis, passionné pour les choses de l'Orient, il retourna en Algérie, d'où il profita de ses moments de loisirs pour visiter le Maroc, la Syrie et les provinces avoisinantes.

Mais bientôt ne trouvant plus dans sa carrière un aliment suffisant à son activité, il donna sa démission comme Capitaine en 1836 et se livra tout entier à son goût pour les voyages et l'étude de l'antiquité.

En 1839, il avait épousé Mlle *de Pange*, sa nièce à la mode de Bretagne, dont il n'a pas eu d'enfants.

HONNEURS

Pour résumer, en terminant cette Notice, disons que depuis le XVIIIe siècle seulement, la famille DE CARAMAN a fourni :

A l'armée : cinq Lieutenants-Généraux, trois Maréchaux de Camp et un Colonel.

Dans les charges civiles et emplois diplomatiques : deux Présidents à Mortier, un Procureur Général et un Avocat Général au Parlement de Toulouse, un Maître des Requêtes ordinaire de l'Hôtel du Roi, deux Pairs de France, un Ambassadeur et un Ministre Plénipotentiaire.

Dans les grands commandements militaires : deux Commandants en second, l'un en Languedoc, l'autre dans les Trois-Évêchés et un Commandant en chef en Provence.

5

Elle compte encore dans les ordres de chevalerie :

Un Chevalier des Ordres du Roi (Saint-Esprit et Saint-Michel);

Deux Grands-Croix, un Commandeur et trois Chevaliers de Saint-Louis;

Trois Commandeurs et quatre Chevaliers de la Légion d'Honneur;

Un Commandeur et trois Chevaliers de Malte.

Sans parler des Ordres étrangers.

On rappellera encore qu'elle compte : deux Chanoinesses au Chapitre de Montigny, en Franche-Comté.

ALLIANCES

Les principales alliances, depuis les deux derniers siècles seulement, sont : *Broglie, Portail, Hénin-Liétard, Mérode-Westerloo, Crillon, Maupeou, Esclignac, Montessus-Rully, Bournazel, Malaret, Cambon, Davessens, Dadvisard, Chaumont-Quitry, Mac-Mahon, Flamarens, La Garde, La Fare, Sourches, Vaudreuil, Baschi-Saint-Estève, Sommery, Pange, Pins, Grenonville, Saint-Priest, Fournès, Toustain*, etc.

Ces alliances ont créé des liens de parenté avec les familles les plus anciennes et les plus considérables.

Citons seulement les *Noailles, Beauvau, Arenberg, Uzès, Mortemart, Croÿ-Dülmen, Moustier, Avaray, Rougé, Gramont-Guiche, Monaco, La Cisterne*, et par suite la *maison Royale de Savoie*, les *Polignac, Montalembert, Wignacourt, Grammont, Lévis-Mirepoix, Gontaut-Biron*, et bien d'autres qu'il serait trop long de rappeler ici.

Enfin, pour clore ce dernier chapitre, il ne sera pas sans intérêt de noter ici que par ces alliances il est facile de remonter la filiation jusqu'au Roi SAINT LOUIS; par ROBERT son fils, LOUIS, PIERRE, LOUIS II et JEAN DE BOURBON, COMTES DE CLERMONT, LOUIS DE BOURBON-MONTPENSIER, CHARLOTTE sa fille, mariée à WOLFART DE BORSELEN, ANNE DE BORSELEN, mariée à PHILIPPE DE BOURGOGNE-BEVEREN, ADOLPHE et ANNE DE BOURGOGNE-BEVEREN sa fille, mariée à JEAN D'HÉNIN-LIÉTARD COMTE DE BOUSSU, JACQUES, ALBERT, EUGÈNE, PHILIPPE et GABRIEL-ALEXANDRE, COMTES DE BOUSSU, PRINCES DE CHIMAY, et enfin MARIANNE D'HÉNIN-LIÉTARD, PRINCESSE DE CHIMAY, mariée à VICTOR-MAURICE, COMTE DE CARAMAN, dont il a été parlé page 22.

De même, par son mariage avec Mlle *de Mérode*, le DUC DE CARAMAN avait eu l'honneur de se rapprocher de fort près des Princes frères de LOUIS XVI, qui furent depuis LOUIS XVIII et CHARLES X, par GUILLAUME LANDGRAVE DE HESSE-RHINFELS, père, entre autres enfants, d'ERNEST-LÉOPOLD et d'ÉLISABETH.

Celle-ci fut mariée à un PRINCE DE NASSAU-HADAMAR, dont la fille épousa JEAN-EUGÈNE-

PHILIPPE, COMTE DE MÉRODE, aïeul de Mlle *de Mérode*, mariée au DUC DE CARAMAN (V. *p. 27*).

D'un autre côté, ERNEST-LÉOPOLD DE HESSE-RHINFELS, eut entre autres enfants trois filles :

La DUCHESSE DE BOURBON, bisaïeule de l'infortuné DUC D'ENGHIEN ;

La PRINCESSE DE SAVOIE-CARIGNAN, aïeule de CHARLES-ALBERT, qui devint ROI DE SARDAIGNE après l'extinction de la Branche aînée ;

Et la PRINCESSE DE SAVOIE, mère de VICTOR-AMÉDÉE, ROI DE SARDAIGNE, père de la COMTESSE DE PROVENCE et de la COMTESSE D'ARTOIS, ce qui établit toute une série de parentés de ce côté.

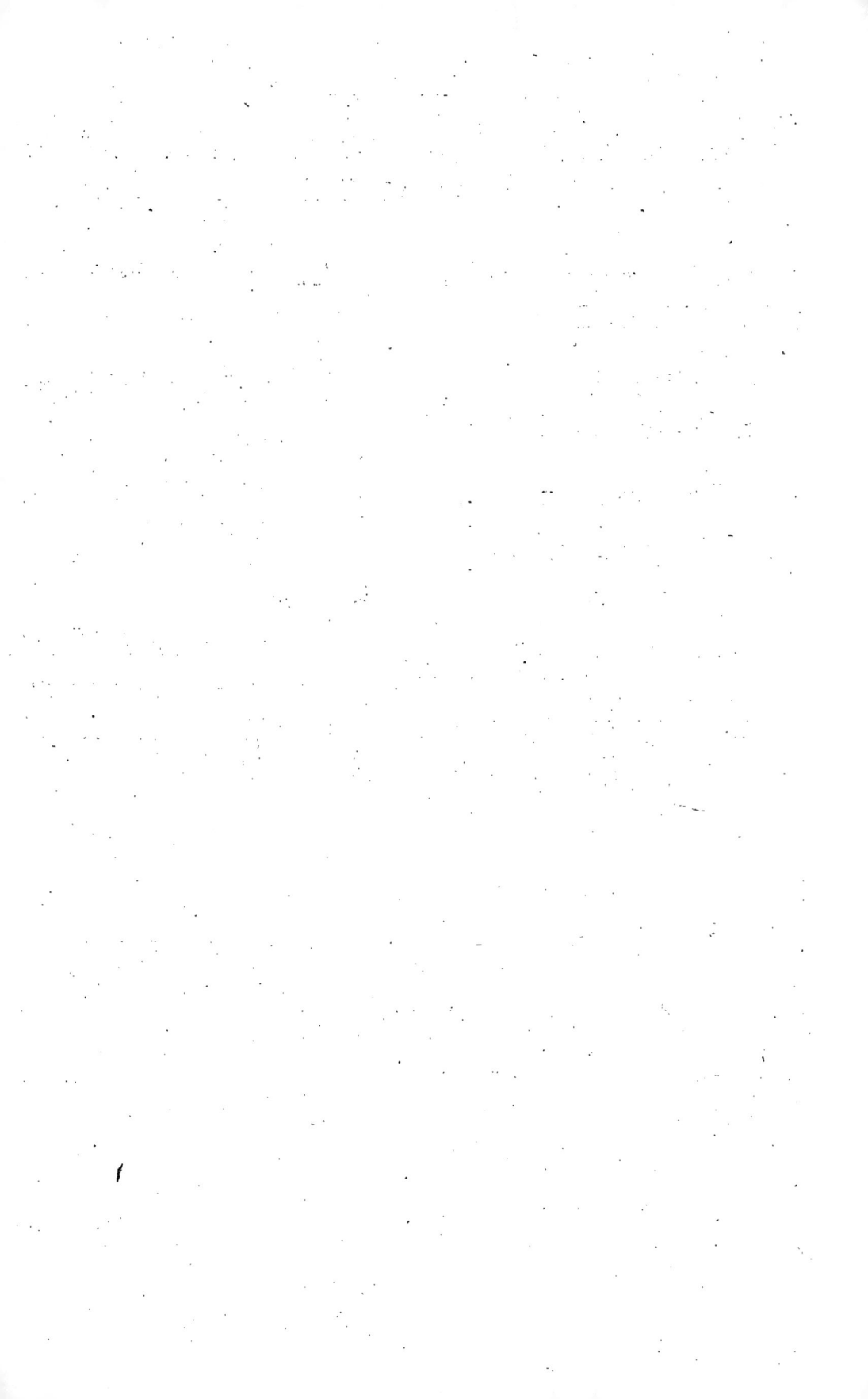

FONTAINEBLEAU. — E. Bourges, imp. breveté.

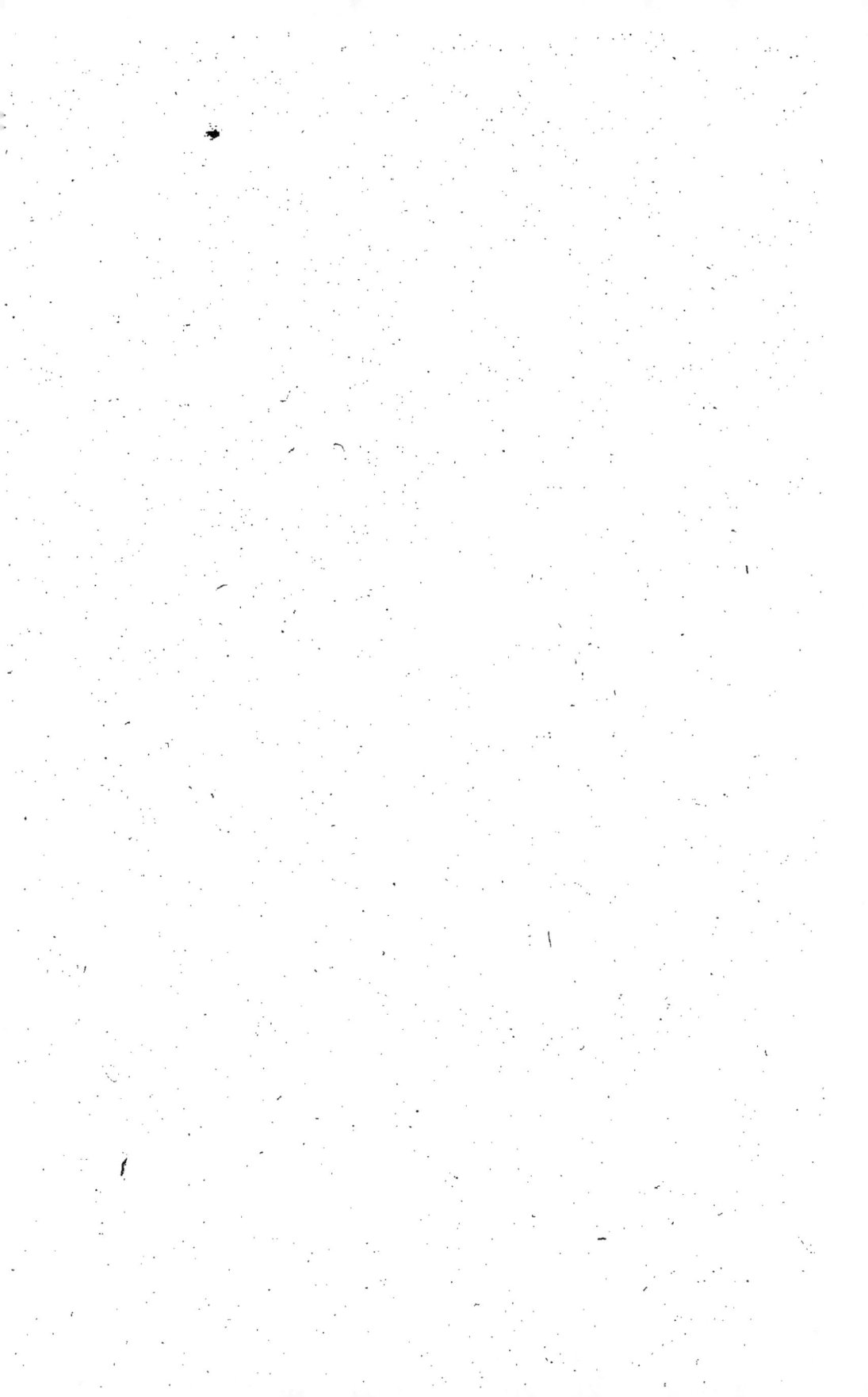

www.ingramcontent.com/pod-product-compliance
Lightning Source LLC
Chambersburg PA
CBHW071008280326
41934CB00009B/2217